suhrkamp taschenbuch 3977

Radikal, rebellisch, eigensinnig – Hermann Hesse war zeitlebens ein unbestechlicher Geist, der überlebte Konventionen und anmaßende Autoritäten keineswegs hinnahm, sondern sie anhand eigener Erfahrungen auf ihre aktuelle Tauglichkeit hin überprüfte. In seinen Werken, die seit 1970 eine weltweite Renaissance erfahren und ihn zum meistgelesenen deutschsprachigen Autor des 20. Jahrhunderts gemacht haben, gibt es kaum eine lebenswichtige Frage, die man nicht auf zukunftsorientierte Weise thematisiert findet. 1971 hat Volker Michels, der Herausgeber der Werke Hesses, damit begonnen, u. d. T. »Lektüre für Minuten« die wichtigsten Aussagen des Dichters ausfindig zu machen. Nun, nach Abschluß der ersten Gesamtausgabe in 20 Bänden und Erschließung der ersten Hälfte von Hesses mehr als 35 000 Antworten auf Leserzuschriften, ist es möglich geworden, vollständiger als je zuvor Hesses konstruktives Weltbild in annähernd 1500 Kernaussagen zusammenzufassen. Die sechs Themenbände überliefern die gedankliche Substanz seines bisher erschlossenen Werkes und belegen einmal mehr die zeitlose Aktualität dieses Dichters.

»Was hier an Erfahrungen, Beobachtungen, Reflexionen und Appellen gesammelt und auf die knappsten Formulierungen gebracht ist, würde reichen, um Hermann Hesse unvergeßlich zu machen.«

Gerhard Mahr, Radio Bremen

Hermann Hesse
Lieben, das ist Glück

Gedanken aus seinen
Werken und Briefen

Liebe, Glück, Humor und Musik

Zusammengestellt von
Volker Michels

Suhrkamp

Umschlagmotiv:
Aquarellierte Vignette auf einem Brief
von Hermann Hesse

suhrkamp taschenbuch 3977
Erste Auflage 2008

Druck: Druckhaus Nomos, Sinzheim
Printed in Germany
Umschlag: Werner Zegarzewski
ISBN 978-3-518-45977-5

3 4 5 6 – 13 12 11 10 09

Liebe

Sinn erhält das Leben einzig durch die Liebe: das heißt: je mehr wir zu lieben und uns hinzugeben fähig sind, desto sinnvoller wird unser Leben.

Aus einem Brief vom 1.6.1956 an Marianne Wedel

*

Genie ist Liebeskraft, ist Sehnsucht nach Hingabe.

Aus »Das junge Genie«, 1950

*

Kostet das Glück der Hingabe, das Glück der Bedürfnislosigkeit, das Glück hilfsbereiter Zusammenarbeit! Kein anderer Weg führt euch so rasch ins Innerste aller Weisheit: in das Wissen von der Einheit und Heiligkeit des Lebens. Kein anderer Weg auch führt euch so sicher zum Ziel aller Lebenskunst, zur freudigen Überwindung des Egoismus – nicht durch Verzicht auf Persönlichkeit, sondern durch deren höchste Entwicklung!

Aus »Ein Gruß an die Jugend der Welt«, 1922

*

Es ist ein merkwürdiges, doch einfaches Geheimnis der Lebensweisheit aller Zeiten, daß jede kleinste selbstlose Hingabe, jede Teilnahme, jede Liebe uns reicher macht, während jede Bemühung um Besitz und Macht uns Kräfte raubt und ärmer werden läßt. Das haben die

Inder gewußt und gelehrt, und dann die weisen Griechen, und dann Jesus ... und seither noch Tausende von Weisen und Dichtern, deren Werke die Zeiten überdauern, während die Reiche und Könige ihrer Zeit verschollen und vergangen sind. Ihr mögt es mit Jesus halten oder mit Plato, mit Schiller oder mit Spinoza, überall ist die letzte Weisheit, daß weder Macht noch Besitz noch Erkenntnis selig macht, sondern allein die Liebe. Jedes Selbstlossein, jeder Verzicht aus Liebe, jedes tätige Mitleid, jede Selbstentäußerung scheint ein Weggeben, ein Sichberauben, und ist doch ein Reicherwerden und Größerwerden und der einzige Weg, der vorwärts und aufwärts führt.

Aus »Zu Weihnachten«, 1907

*

Wenn du einem Menschen Liebes erweist, so bezahlt dich dafür sein Dank und seine Liebe; wenn du aber einen Käfer, Fisch oder Vogel oder ein Gewächs oder Gesträuch verschonst, so tust du es Gott.

Aus »Der Tod des Bruders Antonio«, 1904

*

Liebe führt zu jedem Ergebnis, zu jedem Verstehen, und lieben können wir nur richtig, wenn wir den Abgrund des eigenen Innern kennen und uns nicht damit begnügen, irgendeinem Massenideal zu gleichen. In jedem von uns kehrt die ganze Erde und Menschheit wieder, macht einen neuen Versuch, probiert neue Wandlungen.

Aus einem Brief vom 19. 1. 1918 an Martin Doerne

Daß jede Liebe ihre tiefe Tragik hat, ist doch kein Grund nicht mehr zu lieben!

Aus einem Brief vom 21.6.1903 an Cesco Como

*

Jede Bewegung unsrer Seele, in der sie sich selber empfindet und ihr Leben spürt, ist Liebe. Glücklich ist also der, der viel zu lieben vermag. Liebe aber und Begehren sind nicht ganz dasselbe. Liebe ist weise gewordene Begierde; Liebe will nicht haben; sie will nur lieben.

»Aus Martins Tagebuch«, 1918

*

Liebe

Wieder will mein froher Mund begegnen
Deinen Lippen, die mich küssend segnen,
Deine lieben Finger will ich halten
Und in meine Finger spielend falten.
Meinen Blick an deinem dürstend füllen,
Tief mein Haupt in deine Haare hüllen,
Will mit immerwachen jungen Gliedern
Deiner Glieder Regung treu erwidern
Und aus immer neuen Liebesfeuern
Deine Schönheit tausendmal erneuern,
Bis wir ganz gestillt und dankbar beide
Selig wohnen über allem Leide,
Bis wir Tag und Nacht und Heut und Gestern
Wunschlos grüßen als geliebte Schwestern,

Bis wir über allem Tun und Handeln
Als Verklärte ganz im Frieden wandeln.

1913

*

Unser Wandertrieb und Vagabundentum ist zu einem großen Teil Liebe, Erotik. Die Reiseromantik ist zur Hälfte nichts anderes als Erwartung des Abenteuers. Zur andern Hälfte aber ist sie unbewußter Trieb, das Erotische zu verwandeln und aufzulösen. Wir Wanderer sind darin geübt, Liebeswünsche gerade um ihrer Unerfüllbarkeit willen zu hegen, und jene Liebe, welche eigentlich dem Weib gehörte, spielend zu verteilen an Dorf und Berg, See und Schlucht, an die Kinder am Weg, den Bettler an der Brücke, das Rind auf der Weide, den Vogel, den Schmetterling. Wir lösen die Liebe vom Gegenstand, die Liebe selbst ist uns genug, ebenso wie wir im Wandern nicht das Ziel suchen, sondern nur den Genuß des Wanderns selbst, das Unterwegssein.

Aus »Wanderung«, 1918/19

*

Unsere ganze Kunst ist bloß ein Ersatz, ein mühsamer und zehnmal zu teuer bezahlter Ersatz für versäumtes Leben, versäumte Tierheit, versäumte Liebe. Aber es ist doch nicht so. Man überschätzt das Sinnliche, wenn man das Geistige nur als Notersatz für fehlendes Sinnliches ansieht. Das Sinnliche ist um kein Haar mehr wert als der Geist, so wenig wie umgekehrt. Ob du ein Weib umarmst oder ein Gedicht machst, ist dasselbe.

Aus »Klingsors letzter Sommer«, 1919

Ich möchte um des Lebens allein willen nicht leben; ich möchte um der Frau allein willen nicht lieben, ich bedarf des Umwegs über die Kunst, ich bedarf des einsamen und versponnenen Vergnügens des Künstlers, um mit dem Leben zufrieden sein, ja um es ertragen zu können.

Aus einem Brief vom April 1931 an Christoph Schrempf

*

Wir müssen unsre Liebe so frei wie möglich halten, um sie zu jeder Stunde verschenken zu können. Die Objekte, an die wir sie hingeben, überschätzen wir immer, und daraus fließt viel Leid.

Aus einem Brief vom 2. 6. 1920 an Carl Seelig

*

Es schien alles Dasein auf der Zweiheit, auf den Gegensätzen zu beruhen; man war entweder Frau oder Mann, entweder Landfahrer oder Spießbürger, entweder verständig oder gefühlig – nirgends war Einatmen und Ausatmen, Mannsein und Weibsein, Freiheit und Ordnung, Trieb und Geist gleichzeitig zu erleben, immer mußte man das eine mit dem Verlust des anderen bezahlen, und immer war das eine so wichtig und begehrenswert wie das andere! Die Frauen hatten es hierin vielleicht leichter. Bei ihnen hatte die Natur es so geschaffen, daß von selbst die Lust ihre Frucht trug und aus dem Liebesglück das Kind wurde. Beim Manne war statt dieser einfachen Fruchtbarkeit die ewige Sehnsucht da.

Aus »Narziß und Goldmund«, 1927-1929

Zwei Menschen können zueinander gehen, sie können miteinander reden und nah beieinander sein. Aber ihre Seelen sind wie Blumen, jede an ihrem Ort angewurzelt, und keine kann zu der andern kommen, sonst müßte sie ihre Wurzel verlassen, und das kann sie eben nicht. Die Blumen schicken ihren Duft und ihren Samen aus, weil sie gern zueinander möchten; aber daß ein Same an seine rechte Stelle kommt, dazu kann die Blume nichts tun, das tut der Wind, und der kommt her und geht hin, wie und wo er will. *Aus »Knulp«, 1907/14*

*

Liebe zieht am Zauberfaden
Alle Ferne mir ans Herz,
Pol-Stern rufen und Plejaden
Ihren Bruder himmelwärts.

Aller Welt bin ich verbunden,
Allem Leben aufgetan,
Habe neu die Bahn gefunden,
Die mich hält im Weltenplan.

Aus dem Gedicht »Nächtlicher Weg«, 1920

*

Wer es einmal gekostet hat, wie kein Sieg und kein Besitz und keine Liebe aus zwei Menschen und Leben eines machen kann, wer daran leidet und das nicht mehr vergißt, der freut sich gerne einer unausgesprochenen und unverbrauchten Liebe. Der feine Schmerz des Entbehrens und Alleinbleibens, ohne den nichts Schönes uns berührt, schwingt leise mit und kann ein guter und beinahe heiterer Kamerad und Begleiter werden.

Aus »Promenadenkonzert«, 1909

*

Wie sind die Tage …

Wie sind die Tage schwer!
An keinem Feuer kann ich erwarmen,
Keine Sonne lacht mir mehr,
Ist alles leer,
Ist alles kalt und ohne Erbarmen,
Und auch die lieben klaren
Sterne schauen mich trostlos an,
Seit ich im Herzen erfahren,
Daß Liebe sterben kann.

1911

*

Es zeigt sich, daß Lieben und Kennen nahezu dasselbe sind, daß man den Menschen, den man am meisten liebt, auch am besten kennt. *Aus »Freund Peter«, 1959*

*

Das Böse entsteht immer da, wo die Liebe nicht ausreicht. *Aus einem Brief vom Mai 1941 an Will Eisenmann*

Etwas lieben können – welche Erlösung!

Aus »Klein und Wagner«, 1919

*

Phantasie und Einfühlungsvermögen sind nichts anderes als Formen der Liebe.

Aus einem Brief vom Februar 1955 an eine Lehrerin

*

Liebe und unerfüllbare Sehnsucht sind die Mütter der Kunst.

Aus dem Gedicht »Blick nach Italien«, 1920

*

Der Anfang aller Kunst ist die Liebe. Wert und Umfang jeder Kunst werden vor allem durch des Künstlers Fähigkeit zur Liebe bestimmt.

Aus der Rezension »Gulbranssons Zeichnungen«, Februar 1914

*

Betrachtung ist nicht Forschung oder Kritik, sie ist nichts als Liebe. Sie ist der höchste und wünschenswerteste Zustand unserer Seele: begierdelose Liebe.

Aus »Von der Seele«, 1917

*

Wir junge Menschen müssen uns wehren, um nicht unterzugehen. Es ist uns mit Gesetzen und guten Vorschriften allein nicht geholfen. Wir wollen vor allem lieben, wollen unsere Seele glühen fühlen; wir wollen nicht die Welt einreißen – nur die Ketten, in die wir uns selber geschmiedet haben. *Aus »Heimkehr«, 1919*

*

Die Leute wollen nicht gern mit Vertrauen und Liebe bezahlen, sondern lieber mit Geld und Ware.

Aus »Das Glasperlenspiel«, 1931-1942

*

Daß ein vollsinniger, begabter, lebenskräftiger Mann alle seine Gaben und Kräfte auf das Geldverdienen richte oder auf den Dienst an einer politischen Partei, scheint heute jedem nicht nur möglich, sondern auch richtig und normal; – daß er diese Gaben und Kräfte den Frauen und der Liebe zuwenden könnte, das kommt heute niemandem in den Sinn. Vom bürgerlichsten Durchschnittsamerika bis zum rötesten Sowjetsozialismus – in keiner wahrhaft »modernen« Weltanschauung spielt die Liebe eine andere Rolle als die unbedeutende eines nebensächlichen Lustfaktors im Leben, zu dessen Regelung einige hygienische Rezepte genügen.

Aus dem Essay »Über Casanova«, 1925

*

Jeder weiß und erlebt es, wie leicht es ist, sich zu verlieben, und wie schwer und schön es ist, wirklich zu lieben. Liebe ist, wie alle wirklichen Werte, nicht käuflich. Es gibt einen käuflichen Genuß, aber keine käufliche Liebe.

Aus »Der innere Reichtum«, 1916

*

Sie werden stets alles haben, was man mit Geld kaufen kann, aber Sie werden dazu verurteilt sein, zu sehen, wie man immer und überall gerade das Beste, gerade das Schönste, gerade das Begehrenswerteste nicht mit Geld kaufen kann! Das Beste, das Schönste, das Begehrenswerteste auf der Welt kann man nur mit der eigenen Seele bezahlen, wie man Liebe niemals kaufen kann, und wessen Seele nicht rein, nicht des Guten fähig, nicht wenigstens des Glaubens an das Gute fähig ist, dem klingt auch das Beste und Edelste nicht mehr rein und voll entgegen, und er muß sich für immer mit dem verkleinerten, verdorbenen, getrübten Bild der Welt begnügen, das seine Gedanken sich zur eigenen Qual und Verarmung geschaffen haben.

Aus »Brief an einen Philister«, Oktober 1915

*

Das Heimweh nach Liebe und Hingabe ist unsere einzige Erlösungsquelle.

Aus einem Brief vom 13. 3. 1924 an Otto Weißert

*

Wiedersehen

Hast du das ganz vergessen,
Daß einst dein Arm in meinem hing
Und Wonne unermessen
Von deiner Hand in meine Hand,
Von meinem Mund in deinen überging,
Und daß dein blondes Haar
Einst einen flüchtigen Frühling lang
Der selige Mantel meiner Liebe war,
Und daß die Welt einst duftete und klang,
Die jetzt so grau verdrossen liegt,
Von keinem Liebessturm, von keiner
Torheit mehr gewiegt?
Was wir einander wehe tun,
Die Zeit verwehts, das Herz vergißt;
Die seligen Stunden aber ruhn
In einem Glanz, der ohne Ende ist.

1916

*

Es ist wunderlich mit der Liebe, auch in der Kunst. Sie vermag, was alle Bildung, aller Intellekt, alle Kritik nicht vermag, sie verbindet das Fernste, stellt das Älteste und Neueste nebeneinander. Sie überwindet die Zeit, indem sie alles aufs eigene Zentrum bezieht. Sie allein gibt Sicherheit, sie allein hat recht, weil sie nicht rechthaben will. *Aus »Zu ›Expressionismus in der Dichtung‹«, 1918*

*

Jede wahre Dichtung ist Jasagen, entsteht aus Liebe, hat zum Grund und zur Quelle Dankbarkeit gegen das Leben, ist Lobpreis Gottes und seiner Schöpfung.

Aus »Zu Jean Pauls ›Siebenkäs‹«, 1924

*

Daß auch nur zwei Menschen, die aufeinander angewiesen sind, in Frieden miteinander leben, ist seltener und schwieriger als jede andere ethische und intellektuelle Leistung.

Aus »Krieg und Frieden«, 1918

*

Es bleibt zwischen zwei Menschen, sie seien noch so eng verbunden, immer ein Abgrund offen, den nur die Liebe, und auch die nur mit einem Notsteg, überbrücken kann.

Aus »Knulp«, 1907/14

*

Aufrichtigkeit ist eine gute Sache, aber sie ist wertlos ohne die Liebe. Liebe heißt, jede Überlegenheit, jedes Verstehenkönnen, jedes Lächelnkönnen im Schmerz.

Aus »Der Weg der Liebe«, 1918

*

Nichts vermag der Mensch so zu lieben wie sich selbst. Nichts vermag der Mensch so zu fürchten wie sich selbst. So entstand zugleich mit den andern Mythologien, Geboten und Religionen des primitiven Menschen auch jenes seltsame Übertragungs- und Scheinsystem, nach welchem die Liebe des Einzelnen zu sich selber, auf welcher das Leben ruht, dem Menschen für verboten galt und verheimlicht, verborgen, maskiert werden mußte. Einen andern zu lieben galt für besser, sittlicher, für edler, als sich selbst zu lieben. Und da die Eigenliebe nun doch einmal der Urtrieb war und die Nächstenliebe neben ihr niemals recht gedeihen konnte, erfand man sich eine maskierte, erhöhte, stilisierte Selbstliebe, in Form einer Art von Nächstenliebe auf Gegenseitigkeit. So wurde die Familie, der Stamm, das Dorf, die Religionsgemeinschaft, das Volk, die Nation zum Heiligtum.

»Aus Martins Tagebuch«, 1918

*

Das Gebot der Liebe, einerlei ob es von Jesus oder von Goethe gelehrt wurde, dies Gebot wurde von der Welt völlig mißverstanden! Es war überhaupt kein Gebot. Es gibt überhaupt keine Gebote ... Gebote sind irrtümlich aufgefaßte Wahrheiten. Der Grund aller Weisheit ist: Glück kommt nur durch Liebe. Sage ich nun »Liebe deinen Nächsten!« so ist das schon eine verfälschte Lehre. Es wäre vielleicht viel richtiger zu sagen: »Liebe dich selbst so wie deinen Nächsten!« Und es war vielleicht der Urfehler, daß man immer beim Nächsten anfangen wollte.

»Aus Martins Tagebuch«, 1918

*

Indisch aufgefaßt, d.h. im Sinn der Upanishaden und der ganzen vorbuddhistischen Philosophie, ist mein Nächster nicht nur »ein Mensch wie ich«, sondern er ist Ich, er ist mit mir eins, denn die Trennung zwischen ihm und mir, zwischen Ich und Du, ist Täuschung, Maya. Mit dieser Deutung ist auch der ethische Sinn der Nächstenliebe völlig ausgeschöpft. Denn wer erst eingesehen hat, daß die Welt eine Einheit ist, dem ist ohne weiteres klar, daß es sinnlos ist, wenn die einzelnen Teile und Glieder dieses Ganzen einander wehtun.

Aus einem Brief vom April 1948 an Herrn W. Senn

*

Ohne Liebe zu sich selbst ist auch die Nächstenliebe unmöglich. Der Selbsthaß ist genau dasselbe und erzeugt am Ende dieselbe grausige Isoliertheit und Verzweiflung wie der grelle Egoismus.

Aus »Der Steppenwolf«, 1925-1927

*

Es ist kein Glück, geliebt zu werden. Jeder Mensch liebt sich selber, aber lieben, das ist Glück.

Aus »Klein und Wagner«, 1919

*

Liebeslied

Ich wollt, ich wär eine Blume,
Du kämest still gegangen,
Nähmst mich zum Eigentume
In deine Hand gefangen.

Auch wär ich gern ein roter Wein
Und flösse süß durch deinen Mund
Und ganz und gar in dich hinein
Und machte dich und mich gesund.

1922

*

Er hatte geliebt und dabei sich selbst gefunden. Die meisten aber lieben, um sich dabei zu verlieren.

Aus »Demian«, 1917

*

Liebe muß nicht bitten, auch nicht fordern. Liebe muß die Kraft haben, in sich selbst zur Gewißheit zu kommen. Dann wird sie nicht mehr gezogen, sondern zieht.

Aus »Demian«, 1917

*

Alles, woran wir Liebe hängen, ist von uns überschätzt und fordert daher zuzeiten auch Widerspruch und Kritik heraus, denn lebendig und wertvoll ist nur die Liebe, nicht der Gegenstand, an den wir sie hängen.

Aus einem Brief vom 24. 6. 1919 an Mathilde Schwarzenbach

Was man am schwersten haben kann, hat man am liebsten. *Aus »Gertrud«, 1907/08*

*

Wer hat je aus Vernunft oder aus Willen geliebt? Nein, die Liebe erleidet man, aber je hingegebener man sie leidet, desto stärker macht sie uns.

Aus einer Postkarte vom 13. 11. 1932 an Fanny Schiler

*

Die Liebe ist nicht da, um uns glücklich zu machen. Ich glaube, sie ist da, um uns zu zeigen, wie stark wir im Leiden und Tragen sein können. *Aus »Gertrud«, 1907/08*

*

Was im Denken und in der Kunst mein Vorzug ist, das macht mir im Leben, besonders bei Frauen, oft Beschwerden: daß ich meine Liebe nicht fixieren kann, daß ich nicht Eines und Eine lieben kann, sondern das Leben und die Liebe überhaupt lieben muß.

Aus einem Brief vom Dezember 1922 an Olga Diener

*

Ich habe wie Goldmund zur Frau ein naiv sinnliches Verhältnis, und würde wahllos lieben, wie Goldmund, wenn nicht eine angeborene, anerzogene Achtung vor der Seele des Mitmenschen (also der Frau) und eine

ebenso anerzogene Scheu vor dem bedenkenlosen Sichhingeben an die Sinne mich zügeln würde …
Das sinnliche Vergnügen ist für Goldmund nicht Weg zum seelischen Besitzergreifen oder zu einem Verhältnis, in dem Mann und Weib sich zu wertvolleren Persönlichkeiten steigern, sondern er erreicht die Sublimierung der Liebe erst in der Kunst, erst auf einem Umweg, erst durch einen Ersatz.

Aus einem Brief vom April 1931 an Christoph Schrempf

*

Verführer

Gewartet habe ich vor vielen Türen,
In manches Mädchenohr mein Lied gesungen,
Viel schöne Frauen sucht ich zu verführen,
Bei der und jener ist es mir gelungen.
Und immer, wenn ein Mund sich mir ergab,
Und immer, wenn die Gier Erfüllung fand,
Sank eine selige Phantasie ins Grab,
Hielt ich nur Fleisch in der enttäuschten Hand.
Der Kuß, um den ich innigst mich bemühte,
Die Nacht, um die ich lang voll Glut geworben,
Ward endlich mein – und war gebrochene Blüte,
Der Duft war hin, das Beste war verdorben.
Von manchem Lager stand ich auf voll Leid,
Und jede Sättigung ward Überdruß;
Ich sehnte glühend fort mich vom Genuß
Nach Traum, nach Sehnsucht und nach Einsamkeit.
O Fluch, daß kein Besitz mich kann beglücken,

Daß jede Wirklichkeit den Traum vernichtet,
Den ich von ihr im Werben mir gedichtet
Und der so selig klang, so voll Entzücken!
Nach neuen Blumen zögernd greift die Hand,
Zu neuer Werbung stimm ich mein Gedicht ...
Wehr dich, du schöne Frau, straff dein Gewand!
Entzücke, quäle – doch erhör mich nicht!

1926

*

Ich bin ein Verehrer der Untreue, des Wechsels, der Phantasie. Ich halte nichts davon, meine Liebe an irgendeinen Fleck der Erde festzunageln. Ich halte das, was wir lieben, immer nur für ein Gleichnis. Wo unsere Liebe hängenbleibt und zur Treue und Tugend wird, da wird sie mir verdächtig. *Aus »Wanderung«, 1918/19*

*

Was die Liebe betrifft, so könnte man geradezu sagen, daß nur der Ehelose die wahre Liebe kennenlernt. Wenn eine Frau den liebt, von dem sie nicht Geld, nicht Heirat, nicht Versorgung, nicht guten Namen für sich und ihre Kinder zu erwarten hat, so liebt sie ihn wirklich. Der andere, der ihr das alles bietet, kann niemals wissen, ob seine Frau ihn um seiner selbst willen oder nur wegen dieser Vorteile liebt. *Aus »Berthold«, um 1907*

*

Daß man sein Künstlertum auch leben soll, ist mir ganz selbstverständlich, ich tue das, so viel ich kann, und zu Zeiten ist mein Leben wie ein Märchen, voll Überraschungen, Verwandlungen und Farben. Der Konflikt liegt für mich in der völligen Unfähigkeit, mich im Gefühl und in den Lebensgewohnheiten an andere zu binden, weder an eine Frau noch an Freunde noch an Vorgesetzte – meine äußere Lebenstechnik dient einzig dem Zweck, mich unbedingt für meine Arbeiten frei zu erhalten. Ich muß das mit viel Einsamkeit, auch unerwünschter und viel äußeren Opfern zahlen, aber ich tue es immer wieder.

Aus einem Brief vom Dezember 1922 an Olga Diener

*

Manche Frauen, obwohl verheiratet und eigentlich zufrieden, haben doch eine Sehnsucht nach irgend etwas Anderem, Höherem, Schönerem, nach einem idealen Leben und einer idealen Liebe und in der Phantasie lenken sie diese Sehnsucht auf einen Künstler oder Dichter, sie machen aus ihrer Liebe zu seinen Werken eine Liebe zu seiner Person, und stellen sich vor, wenn sie diesem idealen Mann in Wirklichkeit begegnen und ihn lieben könnten, dann müßte dies der Inbegriff von Glück sein. In Wirklichkeit sind gerade die guten Künstler und Dichter zwar oft feurige Liebhaber, aber selten gute Gatten, und würden eine solche Frau, wenn sie wirklich mit ihr lebten, schwer enttäuschen. Denn der Künstler lebt in erster Linie für sein Werk. Er hat nicht mehr Liebe zu geben als ein anderer, sondern eher weniger, da die Arbeit an seinem Werk soviel davon erfordert.

Aus einem Brief vom Oktober 1933 an H. Zeitschel

Ich diene einem Gott, der eifersüchtig ist wie Jehowa und keine anderen Götter neben sich duldet. Aber an Wohlwollen und Teilnahme für das, was mir irgend lebendig entgegentritt, fehlt es mir doch selten.

Aus einem Brief vom 25. 11. 1919 an Otto Weißert

*

Man tut das meiste im Leben, auch wenn man andere Gründe vorschützt, nur der Frauen wegen.

Aus »Verbummelter Tag«, 1926

*

Seid willkommen, kurze Liebesfeuer,
Seid geküßt, ihr Augen braun und blau,
Spiel der Werbung, buntes Abenteuer,
Sei willkommen, ewige Mutter Frau!
Dich zu lieben, weiß ich, führt zum Tod,
Eilig ist mein Faltertraum verloht.
Laß mich nicht im Dunkeln einst verderben,
Mitten in den Flammen laß mich sterben!

Aus dem Gedicht »Weg zur Mutter«, 1926

*

Ich bin geschlechtlich »normal« und habe nie körperlich erotische Beziehungen zu Männern gehabt, aber die Freundschaften deshalb völlig unerotisch zu halten, scheint mir doch falsch zu sein. Im Fall Narziß ist es besonders klar. Goldmund bedeutet für Narziß nicht nur den Freund und nicht nur die Kunst, er bedeutet für Narziß auch die Liebe, die Sinnenwärme, das Begehrte und Verbotene. *Aus einem Brief vom März 1931 an Mia Engel*

*

In den Jahren vor der Geschlechtsreife umfaßt das jugendliche Liebesvermögen nicht nur beide Geschlechter, sondern alles und jedes, Sinnliches und Geistiges, und begabt alles mit dem Liebeszauber und der märchenhaften Verwandlungsfähigkeit, die nur Auserwählten und Dichtern auch noch in späteren Lebensaltern zuzeiten wiederkehrt. *Aus »Der Steppenwolf«, 1925-1927*

*

Für den Künstler, überhaupt für den begabten Phantasiemenschen, ist die Ehe beinahe immer eine Enttäuschung. Im besten Fall ist es eine langsame, erträgliche, mit der man sich halt abfindet, aber es stirbt dabei, ohne viel Schmerzen, ein Stück Seele und Lebenskraft ab, und wir sind nachher ärmer, während wir nach dem Erleben eines edlen großen Schmerzes eher reicher sind.

Aus einem Brief vom 17. 11. 1929 an seinen Sohn Bruno

*

Es hatte dies ganze Leben doch nur dann einen Sinn, wenn beides sich erringen ließ, wenn das Leben nicht durch dies dürre Entweder-Oder gespalten war! Schaffen, ohne dafür den Preis des Lebens zu bezahlen! …

Vielleicht gab es Menschen, denen es möglich war. Vielleicht gab es Ehemänner und Familienväter, denen über der Treue nicht die Sinnenlust verlorenging? Vielleicht gab es Seßhafte, denen der Mangel an Freiheit und an Gefahr das Herz nicht eindorren ließ? Vielleicht. Gesehen hatte er noch keinen.

Aus »Narziß und Goldmund«, 1927-1929

*

Wir haben aufgehört, die Ehe als ein Sakrament zu nehmen, und haben doch nicht aufgehört, ungeheure Ansprüche an sie zu stellen. Da geht eben vieles schief. Aber wenn wir auch viel selber Schuld haben, sollte man es doch nicht bloß tragisch nehmen, sondern inmitten unsrer gebrechlichen Welt wenigstens das Beste tun, um unsrem Leben etwas Stille und Beständigkeit zu retten, das braucht viel Geduld, und davon haben wir alle zu wenig. *Aus einem Brief vom Mai 1934 an Tilly Wassmer*

*

Kein kostbarstes Kleinod ist so unanfechtbar schön, daß ihm nicht Gewöhnung und Lieblosigkeit den Glanz des Wertvollen rauben könnte ... Darum erscheint es mir eine erstrebenswerte Kunst: die Andacht und Liebe, die wir gern den fernstehenden, entrückten Schönheiten gönnen, auch den nahen und gewohnten zu schenken.

Aus »Die blaue Ferne«, 1904

*

Nächst der Liebe, die zwischen Menschen selten rein ist und nicht ohne Kämpfe und Opfer leben kann, gibt es für uns Menschen nichts Schöneres und Tröstlicheres als das reine Schauen, das stille, redliche Miterleben der Natur um uns her, im Kleinen und Großen. Das ist gut gegen allen Hochmut, zu dem man etwa neigt, denn es zeigt uns, wie beschränkt und vielfach gebunden wir im Weltgetriebe hängen.

Aus einem Brief vom Juli 1908 an Hans Bielert

*

Es heiratet keiner, damit er Kinder kriege, aber wenn er Kinder kriegt, so ändern sie ihn, und schließlich sieht er, daß alles doch nur für sie geschehen ist.

Aus »Gertrud«, 1907/08

*

Als junger Mensch wäre ich ohne weiteres dafür gewesen, daß man eine Ehe weder kirchlich segnet noch amtlich beglaubigt, es hätte mir richtiger geschienen, das Leben in der Ehe dem Gewissen jedes Einzelnen zu überlassen. Mit den Jahren habe ich aber gesehen, daß durchaus nicht jeder Mensch ein Gewissen (oder Lust, von ihm Gebrauch zu machen) hat. Und da das Zusammenleben von Liebenden nicht sie allein angeht und dessen Fehler und Sünden nicht von ihnen allein gebüßt werden müssen, sondern Kinder kommen, die unter Umständen einen besseren Schutz brauchen als das Gewissen der Erzeuger, sehe ich ein, daß es besser sei, das Schließen oder

Wiedertrennen von Ehen nicht einzig der Laune der Liebespaare zu überlassen.

Aus einem Brief, Ende 1950 an Marcel Ochsenbein

*

Beim Heiraten glaube ich nicht an feststehende Regeln und Rezepte, aber freilich halte auch ich das Heiraten einer älteren Frau für ein Wagstück. Die meisten Frauen altern viel früher als die Männer, meistens kommen so gegen 40 Zeiten, in denen sie schwierig werden, und wenn dann der Mann noch jung und vom Leben und der Liebe noch nicht gesättigt ist, hat er es schwer.

Aus einem Brief vom 10. 7. 1940 an seinen Sohn Martin

*

Vor dem Recht, das unter Menschen gilt, hat der Ältere unrecht, wenn er die Liebe einer viel Jüngeren annimmt und sie dann enttäuscht, denn der Ältere soll der Klügere und der Vorsichtigere sein.

Aus einem Brief vom 26. 2. 1922 an Ruth Wenger

*

Ich lernte vor allem, daß die kleinen Spielzeuge, Mode- und Luxussachen nicht bloß Tand und Kitsch sind und eine Erfindung geldgieriger Fabrikanten und Händler, sondern berechtigt, schön, mannigfaltig, eine kleine oder vielmehr große Welt von Dingen, welche alle den einzigen Zweck haben, der Liebe zu dienen, die Sinne zu verfeinern, die tote Umwelt zu beleben und zauberhaft mit neuen Liebesorganen zu begaben, vom Puder und Parfüm bis zum Tanzschuh, vom Fingerring bis zur Zigarettendose, von der Gürtelschnalle bis zur Handtasche. Diese Tasche war keine Tasche, der Geldbeutel kein Geldbeutel, Blumen keine Blumen, der Fächer kein Fächer, alles war plastisches Material der Liebe, der Magie, der Reizung, war Bote, Schleichhändler, Waffe, Schlachtruf. *Aus »Der Steppenwolf«, 1925-1927*

*

Was wäre Vernunft und Nüchternheit ohne das Wissen vom Rausch, was wäre Sinneslust, wenn nicht der Tod hinter ihr stünde, und was wäre Liebe ohne die ewige Todfeindschaft der Geschlechter?

Aus »Narziß und Goldmund«, 1927-1929

*

Die Widerstände gegen das Anerkennen der körperlichen Liebe sind es, die die meisten Neurosen schaffen und aus denen meist auch eine allgemeine, edel aussehende, aber übel wirkende Verlogenheit im übrigen Leben entsteht, z.B. in den patriotischen und politischen Dingen. *Aus einem Brief vom Februar 1931*
an seine Schwester Marulla

*

Wenn Paulus recht hat und die ganze kreatürliche Welt samt Geschlecht, Liebe und Poesie wirklich nur eine Sauerei ist, dann haben Sie Unrecht getan, mein Buch [Narziß und Goldmund] zu lesen ... Aber gerade das, was Sie mir vorwerfen, die paar Worte in denen die Geschlechtsliebe besungen wird, gerade die habe ich nie im geringsten bereut. Vermutlich hätte ich sie auch nie zu schreiben gebraucht, wenn nicht unsre Eltern uns in dieser Hinsicht mit einer feigen und verlogenen Ängstlichkeit erzogen hätten, sie haben das Geschlechtliche als nicht vorhanden betrachtet, haben es weggelogen und haben uns Junge in den Kämpfen mit dieser Macht elend allein und im Stich gelassen.

Aus einem Brief vom 5. 5. 1936 an einen unbekannten Empfänger

*

Wir sind in unsrer Jugend streng und prüde erzogen und dadurch um manches Glück gebracht worden. Die Liebesmoral der jetzigen Jungen ist das Gegenteil davon, man lebt miteinander wie es einem grade Spaß macht, ein Jahr lang oder acht Tage oder auch bloß eine Nacht lang, das ist bequem ... Das wäre nun alles recht, wenn bei ihrer Freiheit diese Jungen glücklich und befreit wären, glücklicher und sorgloser, als wir es einst waren. Aber sie sind es nicht.

Aus einem Brief vom April 1928 an Alfred und Martha Schlenker

*

Es ist lebensgefährlich, sein Triebleben allzu einseitig unter die Herrschaft des triebfeindlichen Geistes zu stellen, denn jedes Stück unseres Trieblebens, dessen Sublimierung nicht völlig gelingt, bringt auf dem Wege der Verdrängung schwere Leiden.

Aus dem Nachwort zu »Hölderlin. Dokumente seines Lebens«, 1925

*

Nach meiner Meinung sind in meiner Generation weit mehr Menschenleben durch allzugroße Einschnürung und Hemmung des Trieblebens verpfuscht worden als durch das Gegenteil. Darum habe ich in einigen meiner Bücher mich zum Anwalt und Helfer dieses unterdrückten Trieblebens gemacht – aber nie, ohne die Ehrfurcht vor den hohen Forderungen beiseite zu lassen, die von den Weisen und von den Religionen gestellt werden. Unser Ziel ist auch nicht: auf Kosten der Güte, der Liebe und Menschlichkeit ein möglichst wildes Willkürleben zu führen. Sondern wir müssen zwischen den beiden Forderungen, denen der Natur und denen des Geistes, unsern Weg suchen, aber nicht einen starren Mittelweg, sondern jeder seinen eigenen, elastischen, auf welchem Freiheit und Bindung abwechseln wie Einatmen und Ausatmen.

Aus einem Brief vom Januar 1954 an Gerhard Rottmann

*

Man liebt niemals aus »Gründen«, und wenn irgendwo eine Abneigung besteht, helfen Gründe nichts, denn

Liebe und Sympathie sind keine Sache des Verstandes oder der Moral.

Aus einem Brief vom 20.4.1925 an seine zweite Frau Ruth

*

Ohne das Tier in uns sind wir kastrierte Engel.

Aus einem Brief vom Herbst 1919 an Carl Seelig

*

Wir Männer, wir treiben hundert Dinge, wir schaffen und forschen und arbeiten, wir haben Amt und Beruf und Schaffensfreuden – aber was haben sie, die Frauen, die nur in Liebe leben, nur auf Liebe hoffen können? Wie selten geschieht es, daß ihnen jener Letzte auch nur einen Teil von dem zu geben hat, was ihnen die ersten, die Jünglinge und schüchtern-kühnen Anbeter versprochen, vorgedichtet und vorgelogen haben!

Aus »Herbstnächte«, 1904

*

Daß Sie neben einem Mann her leben, hat keinen Sinn und ist eine Sünde an Ihnen selbst. Wenn Sie sich nicht von diesem Manne, und nur allein von diesem, Kinder wünschen, so liegt für einen Menschen wie Sie kein leisester Grund zum Heiraten vor.

Aus einem Brief vom 7.10.1917 an Hildegard Neugeboren

*

Es gibt nichts Erfolgloseres als das Nachdenken über jemand, den man liebt. Solche Gedankengänge sind wie gewisse Volks- und Soldatenlieder, worin tausenderlei Dinge vorkommen, der Refrain aber hartnäckig wiederkehrt, auch wo er durchaus nicht paßt.

Aus »Peter Camenzind«, 1903

*

Jüngling, fühle in der Brust
Minneleid und Minnelust.
Aber glaube nicht zu haben
Mehr Gefühl als andre Knaben!

1906

*

Daß ein Mensch den, den er liebt, nicht bekommen und für sich allein haben kann, ist das häufigste aller Schicksale, und damit fertig zu werden heißt: den Überschuß an Leidenschaft und Hingabe, den man für seine Liebe hat, diesem Objekt entziehen und sie anderen Zielen zuzuwenden: der Arbeit, der Mitarbeit im Sozialen, der Kunst. Dies ist der Weg auf dem Ihre Liebe fruchtbar und sinnvoll werden kann. Das Feuer, an dem Sie jetzt nur das eigene Herz verbrennen lassen, ist nicht nur Ihr Eigentum, es gehört der Welt, der Menschheit, und wird aus Qual zu Freude werden, wenn Sie es fruchtbar werden lassen.

Aus einem Brief vom 20.7.1947 an Margit Mathys

Mit der Liebe ist es geradeso wie mit der Kunst: wer das größte ein klein wenig zu lieben vermag, der ist ärmer und geringer, als wenn er am Kleinsten aufglühen kann.

Aus »Zu ›Expressionismus in der Dichtung‹«, 1918

*

Man kann alles auf der Welt nachahmen und fälschen, nur die Liebe nicht. Liebe kann man nicht stehlen, Liebe nicht nachahmen, sie wohnt nur in dem Herzen, das sich ganz zu geben weiß. Das ist die Quelle jeder Kunst.

Aus der Rezension »Ein Hodlerwerk«, Juli 1915

*

Wir sind für Momente der Einsicht in das Geheimnis der Einheit fähig, unsere Liebesfähigkeit aber beruht auf unserer Fähigkeit zu werten, subjektiv zu werten, ohne sie gibt es weder Kunst noch Liebe.

Aus einem Brief vom September 1954 an Wilhelm Gundert

*

Ohne Persönlichkeit gibt es keine Liebe, keine wirklich tiefe Liebe.

Aus einem Gespräch mit Miguel Serrano, 1953

*

Die Welt zu durchschauen, sie zu verachten, mag großer Denker Sache sein. Mir aber liegt einzig daran, die Welt lieben zu können, sie und mich und alle Wesen mit Liebe und Bewunderung und Ehrfurcht betrachten zu können.

Aus »Siddhartha«, 1919-1922

*

Ich bin kein Vertreter einer festen, fertig formulierten Lehre, ich bin ein Mensch des Werdens und der Wandlungen, und so steht neben dem »Jeder ist allein« in meinen Büchern auch noch andres, zum Beispiel ist der ganze »Siddhartha« ein Bekenntnis der Liebe, und dasselbe Bekenntnis steht auch in andern meiner Bücher.

Aus einem Brief vom 4. 5. 1931 an Herrn R. B.

*

Je weniger ich im ganzen an unsere Zeit glauben kann, je mehr ich das Menschentum verkommen und verdorren zu sehen meine, desto weniger stelle ich diesem Verfall die Revolution entgegen, und desto mehr glaube ich an die Magie der Liebe. In einer Sache schweigen, über die alles klatscht, über Menschen und Einrichtungen ohne Feindschaft zu lächeln, das Minus an Liebe in der Welt durch ein Plus an Liebe im Kleinen und Privaten zu bekämpfen: durch vermehrte Treue in der Arbeit, durch größere Geduld, durch Verzicht auf manche billige Rache des Spotts und der Kritik: das sind allerlei Wege, die man gehen kann.

Aus einem Brief vom Januar 1933 an Horst Schwarze

*

Menschliche Kultur entsteht durch Veredlung tierischer Triebe in geistigere, durch Scham, durch Phantasie, durch Erkenntnis. Daß das Leben wert sei, gelebt zu werden, ist der letzte Inhalt und Trost jeder Kunst, obgleich alle Lobpreiser des Lebens noch haben sterben müssen. Daß Liebe höher sei als Haß, Verständnis höher als Zorn, Friede edler als Krieg, das muß ja eben dieser unselige Weltkrieg uns tiefer einbrennen als wir es je gefühlt. Wo wäre sonst sein Nutzen?

Aus »O Freunde, nicht diese Töne«, 1914

*

Die Wahrheit ist ein typisch jugendliches Ideal, die Liebe dagegen eines des reifen Menschen. Bei den Denk-Menschen hört das Schwärmen für die Wahrheit erst dann auf, wenn sie gemerkt haben, daß der Mensch für das Erkennen objektiver Wahrheit außerordentlich schlecht begabt ist, so daß also Wahrheitsuchen nicht die eigentlich humane, menschliche Tätigkeit sein kann. Aber auch die, die gar nie zu solchen Einsichten kommen, machen im Lauf der unbewußten Erfahrung die gleiche Wendung durch. Wahrheit haben, recht haben, Wissen, Gut und Böse genau unterscheiden können, infolgedessen richten, strafen, verurteilen, Krieg führen können und dürfen – das ist jugendlich, und es steht der Jugend auch gut an. Wird man älter und bleibt bei diesen Idealen stehen, so verwelken die ohnehin nicht heftigen Fähigkeiten zum »Erwachen«, zum Ahnen der übermenschlichen Wahrheit, die wir Menschen haben.

Aus einem Brief vom Juni 1931 an Fanny Schiler

Weich ist stärker als hart, Wasser stärker als Fels, Liebe stärker als Gewalt. *Aus »Siddhartha«, 1919-1922*

*

Im vierten Kriegsjahr

Wenn auch der Abend kalt und traurig ist
Und Regen rauscht,
Ich singe doch mein Lied zu dieser Frist,
Weiß nicht, wer lauscht.

Wenn auch die Welt in Krieg und Angst erstickt,
An manchem Ort
Brennt heimlich doch, ob niemand sie erblickt,
Die Liebe fort.

1917

*

Die Welt und das Leben zu lieben, auch unter Qualen zu lieben, jedem Sonnenstrahl dankbar offenstehen und auch im Leid das Lächeln nicht ganz zu verlernen – diese Lehre jeder echten Dichtung veraltet nie und ist heute notwendiger und dankenswerter als je.
Aus dem Geleitwort zu »Eduard Mörike – Theodor Storm. Briefwechsel«, 1919

*

Sowohl die Rechten wie die Linken pflegen den edlen Geistern zu mißtrauen, denen Liebe über Haß, Bewahren über Zerstören, Wartenkönnen über Schlagworte geht. Es wird heute der Dichter, der nicht das Feld seiner Arbeit und Pflicht liegen läßt, um aktuell zu tun, leicht angepöbelt. Indessen vollzieht er ein wichtiges und heiliges Amt; kein anderes ist inmitten aufgeregter und leidenschaftlicher Zeiten wichtiger. Er gibt das Beispiel der Treue im Dienst, er bewahrt edle Traditionen, er ermutigt die geistige Jugend im Glauben an das Überzeitliche.

Aus der Rezension »Erinnerung an ein paar Bücher«, April 1934

*

Es ist immer hübsch, die Erfahrung zu machen, daß es im Geistigen, wie Thomas Mann einmal sagte, keine unglückliche Liebe gibt, sondern daß die Liebe gewöhnlich gegenseitig ist. So ging es mir mit vielen Kollegen, und eine besondere Freude war es mir einst, als der Freund und Biograph des Dichters Kafka mir lang nach dessen Tod erzählte, daß Kafka meine Bücher gern gehabt und oft gelesen habe.

Aus einem Brief vom Mai 1948 an Armin Lemp

*

Ich weiß wohl, daß die uns berühmten Leuten dargebrachte Liebe und Achtung keineswegs zu unterschätzen, daß sie echt und daß nur die jeweilige Personifizierung und der jeweilige Personenkult Irrtümer sind, daß diese Liebe viel Größerem gilt. Wenn heut ein Mensch einen Dichter oder Maler oder Musiker verehrt, so verehrt er, wissend oder nicht, in ihm alle Güter der Gesittung und des Menschentums, deren später zufälliger Erbe und Vertreter jener ist ... So muß man sich, wenn man in der Rolle eines zufällig Berühmten ist, zuweilen wie ein Bischof die Hand küssen lassen und das damit gemeinte Opfer richtig weiteradressieren.

Aus einem Brief vom 26. 12. 1939 an Rolf Schott

*

Sache des Dichters ist es nicht, sich irgendeiner aktuellen Wirklichkeit anzupassen und sie zu verherrlichen, sondern über sie hinweg die Möglichkeit des Schönen, der Liebe und des Friedens zu zeigen. Sie können niemals voll verwirklicht werden, diese Ideale, so wie ein Schiff auf stürmischer See nie den idealen Kurs einhalten kann. Es muß aber dennoch seinen Kurs nach den Sternen richten.

Aus »Dankadresse anläßlich der Verleihung des Friedenspreises des Deutschen Buchhandels«, 1955

*

Ich habe manchen Kampf kämpfen müssen, aber am Ende des Lebens scheint mir doch, es sei durch mich mehr Liebe als Streit in die Welt gekommen.

Aus einem Brief vom Januar 1957 an Georg Schneider

*

Wir haben Leid und Krankheit erlebt, wir haben Freunde durch den Tod verloren, und der Tod hat nicht nur von außen an das Fenster geklopft, er hat auch in uns innen Arbeit getan und Fortschritte gemacht. Das Leben, das einst so selbstverständlich war, ist zu einem kostbaren, immer bedrohten Gut geworden, der selbstverständliche Besitz hat sich in eine Leihgabe von ungewisser Beständigkeit verwandelt.
Aber die Leihgabe mit unbestimmter Kündigungsfrist hat ihren Wert keineswegs verloren, die Gefährdung hat ihn eher noch erhöht. Wir lieben das Leben nach wie vor und wollen ihm treu bleiben, unter andrem um der Liebe und der Freundschaft willen, die wie ein Wein von guter Herkunft mit den Jahren an Gehalt und Wert nicht abnimmt sondern wächst.

Aus einem Brief vom 24. 8. 1957 an Max Wassmer

*

Jeder Mensch ist liebenswert, wenn er wirklich zu Worte kommt.

Aus der Rezension »Notizen über Bücher«, Juli 1930

*

Gewonnen hat immer der, der lieben, dulden und verzeihen kann, nicht der, der besserweiß und aburteilt.

Aus einem Brief von Ende Mai 1932 an Karl Maria Zwissler

*

Wenn wir einen Menschen glücklicher und heiterer machen können, so sollten wir es in jedem Fall tun.

Aus »Das Glasperlenspiel«, 1931-1942

*

Das Innerste in uns begehrt Glück, begehrt einen wohltuenden Zusammenklang mit dem, was außer uns ist. Dieser Klang wird gestört, sobald unser Verhältnis zu irgendeinem Ding ein andres ist als Liebe. Es gibt keine Pflicht des Liebens, es gibt nur eine Pflicht des Glücklichseins. Dazu allein sind wir auf der Welt. Und mit aller Pflicht und aller Moral und allen Geboten macht man einander selten glücklich, weil man sich selbst damit nicht glücklich macht. Wenn der Mensch »gut« sein kann, so kann er es nur, wenn er glücklich ist, wenn er Harmonie in sich hat. Also wenn er liebt.

»Aus Martins Tagebuch«, 1918

*

Glück ist Liebe, nichts anderes. Wer lieben kann, ist glücklich. *»Aus Martins Tagebuch«, 1918*

Glück

Das Glück ist ein Wie, kein Was, ein Talent, kein Objekt. *Aus einem Brief vom 26. 9. 1901 an Carl Busse*

*

Kein Glück oder Unglück kommt von außen, und nur der Empfang, den wir allem Geschehenden bereiten, entscheidet über seine Wirkung auf unser Leben.

Aus der Würdigung von »Maurice Maeterlinck«, Juni 1900

*

Über dem ängstlichen Gedanken, was uns etwa morgen zustoßen könnte, verlieren wir das Heute, die Gegenwart und damit die Wirklichkeit. Geben Sie dem Heute, dem Tag, der Stunde, dem Augenblick sein Recht!

Aus einem Brief vom 6. 8. 1960 an Madlon Böhmer

*

Freude ist ja nichts als Einverstandensein damit, wie es ist. *Aus einem Brief vom 9. 7. 1922 an Georg Alter*

*

Das ist Lebenskunst: nicht abzulehnen, was das Leben uns anbietet, und nicht zu begehren, was es verwehrt.

Undatiertes Albumblatt

Von allem, was der Mensch begehrte, war er immer nur durch Zeit getrennt, durch Zeit, diese tolle Erfindung. Sie war eine der Stützen, eine der Krücken, die man vor allem fahren lassen mußte, wenn man frei werden wollte. *Aus »Klein und Wagner«, 1919*

*

Zum Erleben des Glücks bedarf es vor allem der Unabhängigkeit von der Zeit und damit von der Furcht sowohl wie von der Hoffnung, und diese Fähigkeit kommt den meisten Menschen mit den Jahren abhanden.

Aus »Glück«, 1949

*

Wenn man es erlebt, daß die lebendigsten und blühendsten Zeiten unseres Lebens noch irgendwo im Gedächtnis anderer weiterleben, ist das jedesmal ein Glück.

Aus einem Brief vom Januar 1961 an Erna Fraenkel

*

Ich neige manchmal dazu, glückliche Menschen für heimliche Weise zu halten, auch wenn sie dumm scheinen. Was ist dümmer und macht unglücklicher als die Gescheitheit?

Aus »Kindheit des Zauberers«, 1921/23

*

Es sollen schon viele Menschen gesehen worden sein, welche viel vom Hund oder vom Fuchs, vom Fisch oder von der Schlange in sich hatten, ohne, daß sie darum besondere Schwierigkeiten gehabt hätten. In manchem Manne, der es weit gebracht hat, war es mehr der Fuchs oder Affe als der Mensch, der sein Glück gemacht hat.

Aus »Der Steppenwolf«, 1925-1927

*

Vielleicht hat jeder Mensch, wenn auch nicht jeder mit gleicher Bewußtheit, Neid in sich auf das »Glück« dessen, den er eine Stufe unter oder über sich sieht. Vielleicht beneidet jedes Leben das andre, und scheint jedem Leben das eigene Schicksal schwerer als das andre.

Aus einem Brief, 1932 an Adolf Baden

*

Erfolge fallen ja längst nicht immer den Wertvollsten zu, und wem sie dank der Launen des Glückes zugefallen sind, der darf daraus nicht ein Plus an Selbstschätzung, sondern nur ein Plus an Verantwortung ableiten.

Aus einem Brief von 1955 an einen Minister anläßlich der Stiftung des Hermann Hesse-Preises

*

Mit aller Pflicht und aller Moral und allen Geboten macht man einander selten glücklich, weil man sich selbst damit nicht glücklich macht. Wenn der Mensch

»gut« sein kann, so kann er es nur, wenn er glücklich ist.

»Aus Martins Tagebuch«, 1918

*

Etwas schaffen, auch inmitten von Schmerzen, ist immer Glück, und es scheint die einzige Art von Glück, für die ich begabt bin. Was mir mein Leben schön, bunt und reich gemacht hat, ist meine Arbeit, d.h. die Freude des Produzierens.

Aus einem Brief vom Mai 1920 an Joseph Englert

*

Der Mensch ist zu nichts schwerer zu bringen als zu seinem Glück.

Aus »Der Weltverbesserer«, 1910

*

Stelle dir dein Wesen als einen tiefen See mit kleiner Oberfläche vor. Die Oberfläche ist das Bewußtsein. Dort ist es hell, dort geht das vor sich, was wir denken heißen. Der Teil des Sees aber, der diese Oberfläche bildet, ist ein unendlich kleiner. Er mag der schönste, der interessanteste Teil sein, denn in der Berührung mit Luft und Licht erneuert, verändert, bereichert sich das Wasser. Aber die Wasserteile selbst, die an der Oberfläche sind, wechseln unaufhörlich. Immer steigt es von unten, sinkt von oben, immer geschehen Strömungen, Ausgleichungen, Verschiebungen, jeder Teil Wassers will auch einmal oben sein. – Wie nun der See aus Wasser, so besteht unser Ich, oder unsre Seele (es ist nichts an den Worten gelegen) aus tausend und Millionen Teilen, aus einem stets wachsenden, stets wechselnden Gut von Besitz, von Erinnerungen, von Eindrücken. Was unser Bewußtsein davon sieht, ist die kleine Oberfläche. Den unendlich größeren Teil ihres Inhalts sieht die Seele nicht: reich und gesund nun und zum Glück fähig scheint mir die Seele, in der aus dem großen Dunkel nach dem kleinen Lichtfelde hin ein beständiger, frischer Zuzug und Austausch vor sich geht. Die allermeisten Menschen hegen tausend und tausend Dinge in sich, welche niemals an die helle Oberfläche kommen, welche unten faulen und sich quälen. Darum, weil sie faulen und Qual machen, werden diese Dinge vom Bewußtsein immer und immer wieder zurückgewiesen, sie stehen unter Verdacht und werden gefürchtet. Dies ist der Sinn jeder Moral – was als schädlich erkannt ist, darf nicht nach oben kommen! Es ist aber nichts schädlich und nichts nützlich, alles ist gut, oder alles ist indifferent. Jeder Einzelne trägt Dinge in sich, die ihm angehören, die ihm gut und zu eigen sind, die aber nicht nach oben kommen dürfen. Kämen sie nach oben, sagt die Moral, so gäbe es ein Unglück. Es gäbe aber vielleicht gerade ein Glück! Darum soll alles nach oben kommen.

Aus »Einkehr«, 1918/19

*

Schönes Heute

Morgen – was wird morgen sein?
Trauer, Sorge, wenig Freude,
Schweres Haupt, vergoßner Wein –
Du sollst leben, schönes Heute!

Ob die Zeit im schnellen Flug
Wandelt ihren ewigen Reigen,
Dieses Bechers voller Zug
Ist unwandelbar mein eigen.

Meiner losen Jugend Brand
Lodert hoch in diesen Tagen.
Tod, da hast du meine Hand,
Willst du mich zu zwingen wagen?

1903

*

Überall sucht man die »Freiheit« und das »Glück« irgendwo hinter sich, aus lauter Angst, an die eigene Verantwortlichkeit, an den eigenen Weg erinnert zu werden. Ein paar Jahre wird gesoffen und gejubelt, dann kriecht man unter und wird ein seriöser Herr im Staatsdienst.

Aus »Demian«, 1917

*

Sich wegwerfen können für einen Augenblick, Jahre opfern können für das Lächeln einer Frau, das ist Glück.

Aus »Eine Fußreise im Herbst«, 1906

Es gibt so Schönes

Es gibt so Schönes in der Welt,
Daran du nie dich satt erquickst
Und das dir immer Treue hält
Und das du immer neu erblickst:
Der Blick von einer Alpe Grat,
Am grünen Meer ein stiller Pfad,
Ein Bach, der über Felsen springt,
Ein Vogel, der im Dunkel singt,
Ein Kind, das noch im Traume lacht,
Ein Sterneglanz der Winternacht,
Ein Abendrot im klaren See
Bekränzt von Alm und Firneschnee,
Ein Lied am Straßenzaun erlauscht,
Ein Gruß mit Wanderern getauscht,
Ein Denken an die Kinderzeit,
Ein immer waches, zartes Leid,
Das nächtelang mit feinem Schmerz
Dir weitet das verengte Herz
Und über Sternen schön und bleich
Dir baut ein fernes Heimwehreich.

um 1901

*

Im Grunde ist es doch überall das Menschliche, was wir suchen und wonach uns dürstet. Ich genieße an einem schönen Berge nicht die zufällige Wirklichkeit, ich genieße mich selbst, ich genieße die Fähigkeit des Sehens, des Linienfühlens, ich laufe in einer schönen fremden Landschaft keineswegs der Kultur davon, sondern übe und liebe und genieße Kultur, indem ich meine Sinne und Gedanken an ihr übe. Darum kehre ich auch immer wieder dankbar und willig zu den Künsten zurück, darum gewährt mir ein kühner Bau, eine schön bemalte Wand, eine gute Musik, eine wertvolle Zeichnung schließlich doch mehr Genuß, mehr Befriedigung dunklen Suchens als das Beobachten natürlicher Schönheiten. Ich glaube, das, worauf jener ästhetische Trieb hinausgeht, ist keineswegs ein Loskommen von uns selbst, sondern nur ein Loskommen von unseren schlechteren Instinkten und Gewohnheiten, und eine Bestätigung des Besten in uns ... Denn wie ein wohliges Bad im Meer, ein frohes Ballspiel, eine tapfere Schneewanderung mein leibliches Ich bestätigt, ihm in seinen besten Gelüsten und Ahnungen recht gibt und durch Wohlbefinden auf sein Verlangen antwortet, so antwortet beim reinen Schauen der große Schatz menschlicher Kultur, geistiger Leistung auf unseren Glauben an die Menschheit überhaupt.

Aus »Ein Reisetag«, 1913

*

Das ist das Herrliche an jeder Freude, daß sie unverdient kommt und niemals käuflich ist.

Aus »Lindenblüte«, 1906

*

Das Schönste ist immer so, daß man dabei außer dem Vergnügen auch noch eine Trauer hat oder eine Angst.

Aus »Knulp«, 1907/14

Glück hat weder mit Ratio noch mit Moral etwas zu tun, es ist etwas seinem Wesen nach Magisches, einer frühen, jugendlichen Menschheitsstufe Zugehörendes. Der naive Glückliche, der von den Feen Beschenkte, von den Göttern Verwöhnte ist kein Gegenstand für die rationale Betrachtung, er ist Symbol und steht jenseits des Persönlichen und des Geschichtlichen. Dennoch gibt es hervorragende Menschen, aus deren Leben das »Glück« nicht wegzudenken ist, bestehe es auch nur darin, daß sie und die ihnen gemäße Aufgabe tatsächlich geschichtlich und biographisch einander finden und treffen, daß sie nicht zu früh und nicht zu spät geboren wurden.

Aus »Das Glasperlenspiel«, 1931-1942

*

Wo befreundete Wege zusammenlaufen, da sieht die ganze Welt für eine Stunde wie Heimat aus.

Aus »Demian«, 1917

*

Mein Glück bestand aus dem gleichen Geheimnis wie das Glück der Träume, es bestand aus der Freiheit, alles irgend Erdenkliche gleichzeitig zu erleben, Außen und Innen spielend zu vertauschen, Zeit und Raum wie Kulissen zu verschieben.

Aus »Die Morgenlandfahrt«, 1930/31

*

Die hohe Bewertung der Minute, die Eile als wichtigste Ursache unserer Lebensform ist ohne Zweifel der gefährlichste Feind der Freude. Möglichst viel und möglichst schnell ist die Losung. Daraus folgt immer mehr Vergnügung und immer weniger Freude.

Aus »Kleine Freuden«, 1899

*

Glück

Solang du nach dem Glücke jagst,
Bist du nicht reif zum Glücklichsein,
Und wäre alles Liebste dein.

Solang du um Verlornes klagst
Und Ziele hast und rastlos bist,
Weißt du noch nicht, was Friede ist.

Erst wenn du jedem Wunsch entsagst,
Nicht Ziel mehr, noch Begehren kennst,
Das Glück nicht mehr mit Namen nennst,

Dann reicht dir des Geschehens Flut
Nicht mehr ans Herz, und deine Seele ruht.

1907

*

Wer das Wunder sucht, wer es herbeiziehen, wer ihm helfen will, den flieht es nur. Meine Sache ist es, zwischen vielen gespannten Gegensätzen zu schweben und bereit zu sein, wenn das Wunder mich ereilt.

Aus »Wanderung«, 1918/19

*

Suchen und Finden ist zweierlei, und dem Finden ist ein zu angestrengtes Suchen nicht günstig, im Gegenteil … Der Weg vom Suchen zum Finden ist nicht gerade, und Willen und Vernunft genügen nicht, um ihn zu gehen. Man muß horchen, lauschen, warten können, Ahnungen offenstehn. Mehr weiß ich nicht.

Aus einem Brief, 1959 an Günther Hermann

*

Wenn jemand sucht, dann geschieht es leicht, daß sein Geist nur noch das Ding sieht, das er sucht – daß er nichts zu finden, nichts in sich einzulassen vermag, weil er immer nur an das Gesuchte denkt, weil er ein Ziel hat, weil er vom Ziel besessen ist. Suchen heißt: ein Ziel haben. Finden aber heißt: frei sein, offenstehen, kein Ziel haben.

Aus »Siddhartha«, 1919-1922

*

Reiselied

Sonne leuchte mir ins Herz hinein,
Wind verweh mir Sorgen und Beschwerden!
Tiefere Wonne weiß ich nicht auf Erden,
Als im Weiten unterwegs zu sein.

Nach der Ebne nehm ich meinen Lauf,
Sonne soll mich sengen, Meer mich kühlen;
Unsrer Erde Leben mitzufühlen,
Tu ich alle Sinne festlich auf.

Und so soll mir jeder neue Tag
Neue Freunde, neue Brüder weisen,
Bis ich leidlos alle Kräfte preisen,
Aller Sterne Gast und Freund sein mag.

1911

*

Der Wanderer hat das Beste und Zarteste von allen Genüssen, weil er neben dem Schmecken auch noch das Wissen von der Flüchtigkeit aller Freude hat. Er schaut auch dem Verlorenen nicht lange nach und begehrt nicht, an jedem Orte, wo es einmal gut sein war, gleich Wurzeln zu schlagen. Es gibt Lustreisende, die gehen Jahr für Jahr an denselben Ort, und es gibt viele, die können von keinem schönen Anblick Abschied nehmen, ohne daß sie beschließen, recht bald wieder herzukommen. Das mögen gute Leute sein, aber gute Wanderer sind sie nicht. Sie haben etwas von der dumpfen Trunkenheit der Liebesleute und etwas von dem sorglichen Sammlersinn der Lindenblütenpflückerinnen. Aber den Wandersinn haben sie nicht, den stillen, ernst-fröhlichen, immer abschiednehmenden.

Aus »Lindenblüte«, 1906

*

Das reine Schauen, das von keinem Zwecksuchen und Wollen getrübte Beobachten, die in sich selbst begnügte Übung von Auge, Ohr, Nase, Tastsinn, das ist ein Paradies, nach dem die Feineren unter uns tiefes Heimweh haben, und beim Reisen ist es, wo wir dem am besten und reinsten nachzugehen vermögen. Die Konzentration, die der ästhetisch Geübte jederzeit sollte hervorrufen können, glückt uns Ärmeren wenigstens in diesen Tagen und Stunden der Losgebundenheit, wo keine Sorge, keine Post, kein Geschäft aus der Heimat und dem Alltag uns nachlaufen kann. In dieser Reisestimmung vermögen wir, was wir daheim selten vermögen: stille, zwecklose, dankbare Stunden vor ein paar herrlichen Bildern hinzubringen, hingerissen und offen den Wohlklang edler Bauwerke zu vernehmen, innig und genießerisch den Linien einer Landschaft nachzugehen. Da wird uns zum Bilde, was uns sonst nur im trüben Netz unseres Wollens, unsrer Beziehungen, unsrer Sorgen erscheint: das Leben der Gasse und des Marktes, das Spiel der Sonne und Schatten auf Wasser und Erde, die Form eines Baumes, Schrei und Bewegung eines Tieres, Gang und Betragen der Menschen. Und wer auf Reisen geht, ohne im Innern das zu suchen, der kommt leer zurück und hat höchstens seinen Bildungssack etwas belastet. *Aus »Ein Reisetag«, 1913*

*

Glück gibt es nur, wenn wir vom Morgen nichts verlangen und vom Heute dankbar annehmen, was es bringt, die Zauberstunde kommt doch immer wieder.

Aus einem Brief um 1922 an Olga Diener

Es gibt kein Glück, das lange dauert.

Aus »Narziß und Goldmund«, 1927-1929

*

Wenn aus bedecktem Himmel ein Sonnenstrahl in eine trübe Gasse fällt, so ist es einerlei, was er trifft: die Flaschenscherbe am Boden, das zerfetzte Plakat an der Wand oder den blonden Flachs eines Kinderkopfes: er bringt Licht, er bringt Zauber, er verwandelt und verklärt.

Aus der Rezension von Oskar Loerke, »Der Prinz und der Tiger«, Januar 1920

*

Alle Dinge auf Erden sind schön oder können schön sein, wenn ein Künstler sie betrachtet, und das Entdecken und Festhalten dieser Schönheit bedeutet ein hohes Glück … die alten Lärchenstämme und jede Biegung ihres geschmeidigen Geästes, jede Arabeske, die das Wiegen ihrer Zweigspitzen im leichten Winde in das Blau und Weiß des Himmels schrieb, die sanft gekrümmte Linie eines zu Tal führenden Fußpfades, die mit zäher Kraft geladenen Wülste der dicken Baumwurzeln, auf die wir unsre Sohlen setzen, die schattigen und die besonnten Moospolster, die Schnecke am Stiel eines Grashalms, das von braunen Adern durchzogene grüne Blatt eines Löwenzahns, das Aufblitzen eines Wassertropfens am dürren dünnen Zweig eines erstorbenen Zwergbäumchens, die mattglasige Quarzader quer durch einen geborstenen Stein, aber auch die Ameise, die mir beim Stehenbleiben über den Schuh rannte, und noch das silberne Fetzchen Stanniol, dessen Aufgabe es gewesen war, ein Stückchen Schokolade zu umhüllen, und das sich jetzt ganz und glücklich der Aufgabe widmete, etwas von dem blauen und dem goldenen Licht dieser Stunde zu spiegeln und mitten in einer feuchten Schattenmulde den Stern zu spielen. *Aus »Sommerbrief«, 1959*

*

Das Glück, o Freund, ist überall, in Berg und Tal, in Blume und Kristall.

Aus »Piktors Verwandlungen«, 1922

*

Gerade das ist es ja, das Leben, wenn es schön und glücklich ist: ein Spiel! Natürlich kann man auch alles mögliche andre aus ihm machen, eine Pflicht oder einen Krieg oder ein Gefängnis, aber es wird dadurch nicht hübscher. *Aus »Die Morgenlandfahrt«, 1930/31*

*

Wir haben alle den Trieb zum Glücklichsein in uns, und damit die Abwehr gegen das Leid, den Tod, das Alter etc. und ich bin nicht der Meinung, daß es gut sei und etwas nütze, wenn wir diesen Trieb und diese Abwehr in uns willentlich unterdrücken. Und trotzdem ist jeder Schritt vorwärts im Leben und in der Einsicht ein Jasagen zur dunklen Seite des Lebens ein Erwachen in die tragische

Wirklichkeit des Menschendaseins hinein. Heute ist das ja Jedem leichtgemacht und nahegelegt, wo um uns herum die Erde stöhnt vom Jammer der Vergewaltigten, Verjagten, Beraubten.

Aus einem Brief vom Sommer 1938 an Gertrud Stämpfli

*

Der Mensch ist voll Verlangen nach Glück und erträgt doch das Glück nicht lange.

Aus »Ansprache in der ersten Stunde des Jahres 1946«

*

Glück kann man nur besitzen, solange man es nicht sieht. *Aus dem Gedenkblatt »Erinnerung an Hans«, 1936*

*

Das Paradies pflegt sich erst dann als Paradies zu erkennen zu geben, wenn wir aus ihm vertrieben sind.

Aus dem Gedenkblatt »Ernst Morgenthaler«, 1936

*

Unglück wird zu Glück, indem man es bejaht.

Aus einer Rezension zum »Briefwechsel zwischen Gustave Flaubert und George Sand«, November 1919

*

Das Schöne zieht einen Teil seines Zaubers aus der Vergänglichkeit. *Aus »Eine Konzertpause«, 1947*

*

Nichts ist so vergänglich wie das Glück.

Aus »Maler und Schriftsteller«, 1945

*

Wie lange schafft ein armer Teufel an einer schönen Rakete, und die Freude dran dauert dann keine Minute!

Aus »Gertrud«, 1907/08

Humor

Humor ist der Vermittler zwischen Ideal und Wirklichkeit.
Aus »Die Nürnberger Reise«, 1925

*

Man darf mit Magie nicht sparen, um die Komödie des Lebens nicht aus Versehen ernst zu nehmen.
Aus einer Postkarte, Ende 1920 an Wilhelm Häcker

*

Gegen Dummheit hat der um einen Grad Klügere keine andere Waffe als den Humor.
Aus einem Brief vom Juli 1950 an Hans Hesse

*

Wenn man es mit Verrückten zu tun hat, ist das Beste: man stelle sich vernünftig.
Aus Bruno Hesse, »Vater im Gespräch«, 23. 1. 1961

*

Pathos ist eine schöne Sache, und jungen Menschen steht es oft wundervoll. Für ältere Leute eignet sich besser der Humor, das Lächeln, das Nichternstnehmen, das Verwandeln der Welt in ein Bild, das Betrachten der Dinge, als seien sie flüchtige Abendwolkenspiele.
Aus »Abendwolken«, 1926

Von allen Humoren ist der unfreiwillige doch der lieblichste. *Aus der Rezension »Klaus von Hausen«, Mai 1909*

*

[Kopflos]

Man nehm den Deckel nur vom Topfe
Und sieh, wie froh der Dampf entweicht!
Wie lebt nach abgeschnittnem Kopfe
Das schwere Leben sich so leicht!
Kein Schnupfen mehr, kein Nasentropfen,
Kein Zahnweh und kein Augenbrand
Noch Stirnkatarrh noch Schläfenklopfen,
Es ist wie im Schlaraffenland.
Zwar gibt es ohne Kopf kein Denken,
Doch ist es darum nicht so schad,
Man kann mit Wein die Kehle tränken,
Das ist das beste Gurgelbad.
Und ach, wie lebt es sich so stille:
Kein Wort, kein Lärm, kein grelles Licht!
Und nie mehr sucht man seine Brille
Und nie mehr macht man ein Gedicht.

1947

*

Die Welt ist sehr spaßhaft, wir nehmen sie nur zu ernst.
Aus einem Brief vom 1. 3. 1940 an Otto Basler

*

In der Welt zu leben, als sei es nicht die Welt, das Gesetz zu achten und doch über ihm zu stehen, zu besitzen, »als besäße man nicht«, zu verzichten, als sei es kein Verzicht – alle diese beliebten und oft formulierten Forderungen einer hohen Lebensweisheit ist einzig der Humor zu verwirklichen fähig. *Aus »Der Steppenwolf«, 1925-1927*

*

[Vergeltung]

Wenn durch das Zimmer eine Mücke fliegt,
sich, wenn bedroht, in jede Lücke schmiegt,
dann sieht, wer sich zu sehr im Glücke wiegt,
daß letzten Endes doch die Tücke siegt.

1950er Jahre

*

[Vorschlag]

Wer seinen Dienst am Dienstag nie
Auf Donnerstag vertagt,
Der tut mir leid, er ahnt nicht wie
Der Mittwoch dann behagt.

1947

*

Je größer der Komiker ist, je schauerlicher und hilfloser er unsre Dummheit auf die komische Formel bringt, desto mehr muß man lachen! Wie gern doch alle Menschen lachen! Weit von den Vorstädten her laufen sie in der Kälte, zahlen Geld, warten lang, kommen erst um Mitternacht nach Hause, nur um eine Weile lachen zu können. *Aus »Die Nürnberger Reise«, 1925*

*

Humor [ist] ein Kristall, der nur in tiefen und dauerhaften Schmerzen wächst. Die Gesunden klatschen sich dabei auf die Schenkel und wiehern und sind dann immer verdutzt und ein wenig beleidigt, wenn sie von Zeit zu Zeit Nachrichten lesen wie diese: daß der sehr beliebte und erfolgreiche Komiker X sich unbegreiflicherweise in einem Anfall von Schwermut ertränkt habe.

Aus »Die Nürnberger Reise«, 1925

*

An der Menschheit zu verzweifeln wäre viel Anlaß. Aber da Verzweifeln kein rationaler Vorgang ist, müssen wir aushalten und es immer wieder mit der Vernunft, der Geduld und auch mit dem Galgenhumor probieren.

Aus einem Brief vom August 1949 an Gerhard Kirchhoff

*

Humoristen haben, sie mögen schreiben, was immer sie wollen, alle ihre Überschriften und Themata nur zum Vorwand, in Wahrheit haben sie alle und immer nur ein einziges Thema: die wunderliche Traurigkeit und Beschissenheit des Menschenlebens und das Staunen darüber, daß dies jämmerliche Leben trotzdem so schön und köstlich sein kann. *Aus »Die Nürnberger Reise«, 1925*

*

Tragik und Humor sind ja keine Gegensätze oder sind vielmehr nur darum Gegensätze, weil der eine den andern so unerbittlich fordert.

Aus »Die Nürnberger Reise«, 1925

*

Das Leben liebt es, neben ernste Ereignisse und tiefe Gemütsbewegungen das Komische zu stellen.

Undatiertes Albumblatt

*

Ein Wallfahrer-Lied

Die Woge wogt, es wallt die Quelle,
Es wallt die Qualle in der Welle,
Wir aber wallen durch die Welt,
Weil nur das Wallen uns gefällt.
Wir tuns nicht, weil wir wallen sollen,
Wir tun es, weil wir wallen wollen.
Wer nur der Tugend willen wallt,
Kennt nicht des Wallens Allgewalt.
Sie wallt und waltet über allen,
Die nur des Wallens willen wallen.

1952

Aller höhere Humor fängt damit an, daß man die eigene Person nicht mehr ernst nimmt.

Aus »Der Steppenwolf«, 1925-1927

*

[Meinen Kritikern]

Ich bin kein Katholik und kein Buddhist,
Noch Jud noch Muselman. Ich bin ein Dichter,
Ein Maler und auch Gärtner, kurz: ein schlichter
Feld-, Wald- und Wiesenpantheist.

1959

*

[Warnung]

Wer innerhalb gewisser Grenzen
Die edle Poesie betreibt,
Bedenkt oft nicht die Konsequenzen,
Die er auf sich hernieder schreibt.

1940er Jahre

*

Heiterkeit ist weder Tändelei, noch Selbstgefälligkeit, sie ist höchste Erkenntnis und Liebe, Bejahen aller Wirklichkeit, Wachsein am Rand aller Tiefen und Abgründe.

Aus »Das Glasperlenspiel«, 1931-1942

Die Tiefe ist im Klaren und Heiteren.

Aus »Das Glasperlenspiel«, 1931-1942

*

Heiterkeit ist eine Tugend der Heiligen und der Ritter; sie ist das Geheimnis des Schönen und die eigentliche Substanz jeder Kunst. Der Dichter, der das Herrliche und Schreckliche des Lebens im Tanzschritt seiner Verse preist, der Musiker, der es als reine Gegenwart erklingen läßt, ist Lichtbringer, Mehrer der Freude und Helligkeit auf Erden, auch wenn er uns erst durch Tränen und schmerzliche Spannung führt.

Aus »Das Glasperlenspiel«, 1931-1942

Musik

Wer Musik liebt und innig versteht, für den hat die Welt eine Provinz, eine Dimension mehr.

Aus einem Brief vom 9.7.1922 an Georg Alter

*

Wo wir etwas finden, das wie Musik ist, da müssen wir bleiben; es gibt im Leben gar nichts andres zu Erstrebendes, als das Gefühl der Musik, das Gefühl des Mitschwingens und rhythmischen Lebens, der harmonischen Berechtigung zum Dasein.

Aus einem Brief vom 24.11.1910 an Ludwig Renner

*

Musik! Eine Melodie fällt dir ein, du singst sie ohne Stimme, nur innerlich, [du] durchtränkst dein Wesen mit ihr, sie nimmt von allen deinen Kräften und Bewegungen Besitz – und für die Augenblicke, die sie in dir lebt, löscht sie alles Zufällige, Böse, Rohe, Traurige in dir aus, läßt die Welt mitklingen, macht das Schwere leicht und das Starre beflügelt! Das alles kann die Melodie eines Volksliedes tun! Und erst die Harmonie! Schon jeder wohllautende Zusammenklang rein gestimmter Töne, etwa in einem Geläut, sättigt das Gemüt mit Anmut und Genuß und steigert sich mit jedem hinzuklingenden Ton und kann zuweilen das Herz entzünden und vor Wonne zittern machen, wie keine andere Wollust es vermag.

Von allen Vorstellungen reiner Seligkeit, die sich Völker und Dichter erträumt haben, schien mir immer die höchste und innigste jene vom Erlauschen der Sphärenharmonie ... Einen Herzschlag lang den Bau des Weltalls und die Gesamtheit alles Lebens in ihrer geheimen, eingeborenen Harmonie tönen zu hören. Ach, und wie kann denn das Leben so wirr und verstimmt und verlogen sein, wie kann nur Lüge, Bosheit, Neid und Haß unter Menschen sein, da doch jedes kleinste Lied und jede bescheidenste Musik so deutlich predigt, daß Reinheit, Harmonie und brüderliches Spiel klargestimmter Töne den Himmel öffnet! *Aus »Gertrud«, 1907/08*

*

Der Musik ist eine Urkraft und ein tiefer Heilzauber eigen, mehr noch als die anderen Künste vermag sie die Natur zu ersetzen.

Aus »Der vierte Lebenslauf Josef Knechts«, 1934

*

Was wäre unser Leben ohne Musik! Es brauchen ja gar nicht Konzerte zu sein. Es genügt in tausend Fällen ein Tippen am Klavier, ein dankbares Pfeifen, Singen oder Summen oder auch nur das stumme Sicherinnern an unvergeßliche Takte. Wenn man mir, oder jedem halbwegs Musikalischen, etwa die Choräle Bachs, die Arien aus der »Zauberflöte« und dem »Figaro« wegnähme, verböte oder gewaltsam aus dem Gedächtnis risse, so wäre das für uns wie der Verlust eines Organes, wie der

Verlust eines halben, eines ganzen Sinnes. Wie oft, wenn nichts mehr helfen will, wenn auch Himmelsblau und Sternennacht uns nimmer erfreuen und kein Buch eines Dichters mehr für uns vorhanden ist, wie oft erscheint da aus Schätzen der Erinnerung ein Lied von Schubert, ein Takt von Mozart, ein Klang aus einer Messe, einer Sonate – wir wissen nicht mehr, wo und wann wir sie gehört – und leuchtet hell und rüttelt uns auf und legt uns Liebeshände auf schmerzende Wunden … Ach, was wäre unser Leben ohne Musik! *Aus »Musik«, 1913*

*

Die Tonkunst ist das Element, woher alle Dichtungen entspringen und wohin sie zurückkehren.

Undatiertes Albumblatt

*

Das ist ja das Geheimnis der Musik, daß sie nur unsere Seele fordert, die aber ganz, sie fordert nicht Intelligenz und Bildung, sie stellt über alle Wissenschaften und Sprachen hinweg in vieldeutigen, aber im letzten Sinne immer selbstverständlichen Gestaltungen stets nur die Seele des Menschen dar. *Aus »Musik«, 1913*

*

Musik ist die Seele aller Künste.

Aus »Der Dilettant«, 1898

Deutschland ist in seiner Musik frömmer, weiser, reifer als in seinem Wort. *Aus »Dank an Goethe«, 1931*

*

Musik ist nichts anderes als Zeit, spürbar gemachte Zeit, in Takte geteilte Zeit. Und zwar liegt das Beglükkende der Musik darin, daß wir in ihr die Zeit stets als reine Gegenwart erleben, die Musik kennt keine Vergangenheit und keine Zukunft im Gegensatz zu unserer Seele, welche bei den meisten Menschen weit mehr im Vergangenen und namentlich in der Zukunft lebt als im gegenwärtigen Augenblick. Jede Hoffnung, jede Furcht und Angst ist ja Vorstellung von etwas Zukünftigem.

Aus einem Brief vom 13.3.1940 an seinen Sohn Martin

*

Flötenspiel

Ein Haus bei Nacht durch Strauch und Baum
Ein Fenster leise schimmern ließ,
Und dort im unsichtbaren Raum
Ein Flötenspieler stand und blies.

Es war ein Lied so altbekannt,
Es floß so gütig in die Nacht,
Als wäre Heimat jedes Land,
Als wäre jeder Weg vollbracht.

Es war der Welt geheimer Sinn
In seinem Atem offenbart,
Und willig gab das Herz sich hin
Und alle Zeit ward Gegenwart.

1940

*

Die Musik besteht nicht nur aus jenen rein geistigen Schwingungen und Figurationen, die wir aus ihr abstrahiert haben, sie bestand durch alle Jahrhunderte in erster Linie aus der Freude am Sinnlichen, am Ausströmen des Atems, am Schlagen des Taktes, an den Färbungen, Reibungen und Reizen, welche beim Mischen von Stimmen, beim Zusammenspiel von Instrumenten entstehen. Gewiß ist der Geist die Hauptsache, und gewiß ist die Erfindung neuer Instrumente und die Änderung alter, ist die Einführung neuer Tonarten und neuer konstruktiver und harmonischer Regeln oder Verbote immer nur eine Gebärde und Äußerlichkeit, so wie die Trachten und Moden der Völker eine Äußerlichkeit sind; aber man muß diese äußerlichen und sinnlichen Kennzeichen sinnlich und intensiv erfaßt und geschmeckt haben, um die Epochen und Stile aus ihnen heraus zu verstehen. Man macht Musik mit den Händen und Fingern, mit dem Munde, mit der Lunge, nicht mit dem Gehirn allein, und wer zwar Noten lesen, aber kein Instrument vollkommen spielen kann, der soll über Musik nicht mitreden.

Aus »Das Glasperlenspiel«, 1931-1942

*

Wenn es ums rein Dichterische geht, dann ist mir Mörikes zierlicher Vogeltritt im Schnee doch lieber als die ganze existenzial-problematische Dichtung unserer Tage. Ein paar Takte Musik, ein reines holdes Bild wie der Vogeltritt im Schnee – und die Welt ist verwandelt und das Herz bezaubert. Und das geben alle unsre an Gott oder die Welt gerichteten Fragen und Klagen den Lesern nicht.

Aus einem Brief vom April 1955 an Erich Pfeiffenberger

*

Mancher Dichter unbedeutender Verse ist schon durch einen Komponisten von Rang berühmt geworden. Und umgekehrt: den guten Gedichten haben auf die Dauer auch noch so schlechte Vertonungen nicht schaden können.

Aus einem Brief vom 1.9.1952 an Herbert Schweikert

*

Wenn ich mich darauf zu besinnen suche, was ich an Christentum in mir habe oder wo die letzte reine Gestaltwerdung dieses Christentums liegt, so fallen mir unfehlbar die Kantaten und Passionen von Bach ein; dort, nicht in der Dichtung, ist zum letztenmal Christentum Form geworden.

Aus einem Brief vom 10.11.1932 an Carlo Isenberg

*

Alle Klassiker stehen an einem Ende, sind Erben und Verzehrer, und eine Blüte wie Mozart etwa hat neben ihrer beglückenden Strahlung immer auch das Gegenteil in sich, die traurigmachende Ahnung, daß in einer solchen Hochblüte ein altes, langsames, edles Wachstum sich nicht erneut, sondern erschöpft und aufzehrt.

Aus »Das Glasperlenspiel«, 1931-1942

*

Die Kunst sollte keinem Zwang unterliegen. Weder sollte der Kunstfreund, dem es bei der zeitgenössischen Kunst nicht wohl wird, dieses anklagen, noch auch sollte er sich zu ihrem »Genuß« zwingen. Da wir z. B. in der Musik die Werke von annähernd drei Jahrhunderten besitzen und genießen können, sollten wir von den heutigen Musikern nicht verlangen, daß sie auf ihre Versuche und neuen Wege verzichten, durch welche die Welt der Kunst ja nicht ärmer sondern reicher wird. Und wenn uns die heutige Musik zuweilen kühl und konstruiert klingt, so müssen wir auch dran denken, daß sie die Reaktion auf mehr als ein halbes Jahrhundert vielleicht allzu süßer, allzu sinnlicher Musik ist.

Aus einem Brief vom Januar 1952 an Ernst Morgenthaler

*

Es gibt zweierlei Musik. Die eine ist klassisch, die andre romantisch. Die eine ist architektonisch, die andre malerisch. Die eine ist kontrapunktisch, die andere koloristisch. Wer wenig von Musik versteht, genießt meistens die romantische leichter. Die klassische hat keine solche Orgien und Räusche zu bieten wie jene, sie bringt aber auch nie Dégout, schlechtes Gewissen und Katzenjammer. *Aus einem Notizbuch von 1907-1914, 1912*

*

Kunstgenuß ist für mich weder Betäubung noch Bildungsstreben, er ist Atemluft und Speise, und wenn ich eine Musik höre, die in mir Widerwillen erregt, oder eine, die mir allzu süß, allzu gezuckert oder gepfeffert schmeckt, dann lehne ich sie nicht als Kritiker ab, sondern tue es nahezu völlig instinktiv. Was aber durchaus nicht ausschließt, daß dieser Instinkt in vielen Fällen sich nachher auch vor dem nachprüfenden Verstande bewährt. *Aus »Nicht abgesandter Brief an eine Sängerin«, November 1947*

*

Es gibt ja auch eine Art von Glück beim Singenhören und es kann recht intensiv sein: das Glück von einer starken oder verführerischen Künstlerpersönlichkeit umworben, erobert und hingerissen zu werden. Aber rein ist solches Glück nicht, es hat ein wenig mit schwarzer Magie zu tun, es ist Schnaps statt Wein und endet mit Überdruß. Diese unreine Art des musikalischen Vergnügens verführt und verdirbt uns auf zweierlei Weise: sie zieht unser Interesse und unsre Liebe vom Kunstwerk hinweg auf den Ausführenden und fälscht unser Urteil, indem sie uns dazu hinreißt, um des interessanten Ausführenden willen auch Werke in Kauf zu nehmen, die man sonst ablehnen würde. Auch beim elendesten Reißer behält ja die Sirenenstimme ihren Zauber. Die reine, objektive, sachliche Kunstausübung aber stärkt und läutert im Gegenteil unser Urteil. Wenn eine Sirene singt, lassen wir uns unter Umständen auch schlechte Musik gefallen. *Aus »Nicht abgesandter Brief an eine Sängerin«, November 1947*

*

Das mächtigste und trübste Wirkungsmittel der Politik, die Massenpsychose, ist auch das mächtigste und unlauterste Mittel der Kunst, und ein Konzertsaal oder Theater bietet ja oft genug, d.h. an jedem erfolgreichen und glänzenden Abend, ebenjenes Schauspiel des Massentaumels, und es ist ein Glück, daß er in dem traditionellen Klatschen, verstärkt etwa noch durch Trampeln und Bravorufen, sich austoben kann. Ohne es zu wissen, geht ein großer oder der größte Teil des Publikums zu solchen Veranstaltungen einzig um der Momente dieser Berauschtheit willen. Es entsteht da aus der Körperwärme der vielen Menschen, den Anregungen der Kunst, den Werbungen der Dirigenten und Virtuosen eine Spannung und erhöhte Temperatur, die jeden ihr Verfallenen, wie er zu fühlen glaubt, »über sich hinaus« hebt, d.h. ihn der Vernunft und andrer störender Hemmungen für eine Weile beraubt und in einem flüchtigen, aber heftigen Glücksgefühl zur mittanzenden Mücke im großen Schwarme macht. Auch ich bin diesem Rausch und Zauber gelegentlich erlegen, wenigstens in meinen jüngeren

Jahren, habe mitgebebt und mitgeklatscht und mich gemeinsam mit fünfhundert oder tausend andern darum bemüht, das Herankommen des Erwachens und der Ernüchterung, das Ende des Taumels hinauszuzögern, indem wir, schon stehend und eigentlich zum Gehen bereit, wieder und wieder durch unser Toben den abgespielten Kunstapparat nochmals zu beleben suchten … Und was auf diese rauschhaften Erlebnisse folgte, war stets jenes Übelbefinden, das wir schlechtes Gewissen oder Katzenjammer nennen.

Aus »Nicht abgesandter Brief an eine Sängerin«, November 1947

*

Sie sollten nie mit schlechtem Gewissen in ein Konzert gehen oder ein Buch kaufen … Ihr Scherflein an die Kunst hilft dem Fortbestand von Menschen und Ideen, deren Untergang schlimmer wäre als das größte Massensterben.

Aus einem Brief vom Juni 1949 an Maria Bernhart

*

Was die lyrischen Feuilletons häufig an Sängerinnen mit Superlativen preisen und empfehlen: das Gemüt, die Stimmung, die Beseeltheit, Herzlichkeit, Herzensinnigkeit und wie all das heißt, das scheint mir immer zweifelhaft und mißverständlich, und so wenig wichtig wie die mehr oder minder hübsche Gestalt oder Toilette der Sängerin. Ich erhoffe und erwarte von ihr, genau genommen, weder Seele noch Innigkeit noch Empfindsamkeit noch ein goldenes Herz, sondern nehme an, dies alles sei in dem Lied oder in der Arie, in dem aus Dichtung und Musik zusammen bestehenden Kunstwerk also, schon in genügendem Maße vorhanden und dem Werk von seinen Schöpfern mitgegeben worden, und es sei ein Mehr davon weder notwendig noch ersprießlich. Wenn ein Text von Goethe und die Musik dazu von Schubert oder Hugo Wolf ist, dann vertraue ich darauf, daß es diesem Werkchen an Herz, an Seele, an Empfindung nicht mangeln werde, und möchte lieber nicht noch ein Weiteres von diesen Qualitäten der Persönlichkeit der Sängerin verdanken. Nicht ihr nahes Verhältnis zu dem Gesungenen, nicht ihre Ergriffenheit vom Kunstwerk begehre ich zu hören, sondern die möglichst genaue und vollkommene Wiedergabe dessen, was auf ihren Notenblättern geschrieben steht. Dies soll weder durch ein Plus an Empfindung gesteigert noch durch einen Mangel an Verständnis abgeschwächt werden. Das allein ist es, was wir von den Sängern und Sängerinnen erwarten, und es ist nicht wenig, es ist ungeheuer viel und wird von wenigen erfüllt, denn es gehört dazu neben der Gottesgabe einer wertvollen Stimme nicht nur eine höchst genaue Schulung und Übung, sondern auch eine bedeutende Intelligenz, eine Fähigkeit, die musikalischen Qualitäten eines Werkes voll zu erfassen, vor allem es als Ganzes zu erkennen und nicht die Rosinen aus dem Kuchen zu klauben und diese Rosinen, die für den Virtuosen dankbaren Stellen, auf Kosten des Ganzen mit übertriebenem Aufwand darzubieten ... Dies alles sind Selbstverständlichkeiten und verstehen sich in der Praxis dennoch gar nicht von selbst, weder für die Sängerin noch für ihre Zuhörer noch für einen Teil der Kritiker. Aber wenn nun eine Sängerin auftritt und diese scheinbar so einfachen Forderungen wirklich erfüllt, wenn sie wirklich singt, was der Komponist geschrieben hat, wenn sie nichts wegläßt noch hinzutut, nichts verfälscht, jedem Ton und Takt sein Recht gibt, dann stehen wir eben doch jedes Mal vor einem Glücksfall und einem Wunder und empfinden eine das Herz erwärmende Dankbarkeit, ein sanftes Gesättigtsein, wie wir es sonst meistens nur dann empfinden, wenn wir ein geliebtes Werk selbst lesen oder spielen oder in der Erinnerung beschwören, ohne daß also zwischen dem Werk und uns ein Vermittler stünde.

Aus »Nicht abgesandter Brief an eine Sängerin«,
November 1947

*

Der genialste Dirigent wird zum Schädling, sobald er sich zu wichtig nimmt.

Aus der Rezension »Notizen über Bücher«, Juli 1930

*

Wenn ich sämtliche Werke von Bach und Haydn im Kopf habe und die gescheitesten Sachen darüber sagen kann, so ist damit noch keinem Menschen gedient. Wenn ich aber mein Blaserohr nehme und einen zügigen Shimmy spiele, so mag der Shimmy gut sein oder schlecht, er wird doch den Leuten Freude machen, er fährt ihnen in die Beine und ins Blut. Darauf allein kommt es an.

Aus »Der Steppenwolf«, 1925-1927

Die Kunst zeigt neue Gesichter, neue Sprachen, neue lallende Laute und Gebärden, sie hat es satt, immerzu die Sprache von gestern und vorgestern zu reden, sie will auch einmal tanzen, sie will auch einmal über die Schnur hauen, sie will auch einmal den Hut schief aufsetzen und im Zickzack gehen. Und die Mitbürger sind darüber wütend, fühlen sich verhöhnt und an der Wurzel in ihrem Wert angezweifelt, werfen mit Schimpfworten um sich und ziehen sich die Decke ihrer Bildung über die Ohren. Und derselbe Bürger, der wegen der leisesten Berührung und Kränkung seiner persönlichen Würde zum Richter läuft, wird jetzt erfinderisch in furchtbaren Beleidigungen.

Aus »Sprache«, 1917

*

Überall, wo das Leben für einen Augenblick vollkommen gestaltet erscheint, hat es gegensätzliche Aspekte. Es gibt keine edle Musik, die nicht zu manchen Stunden wie Kinderlächeln und zu andern Stunden wie tiefste Todestrauer auf uns wirkte. So ist die Schönheit immer und überall: holde Spiegeloberfläche, unter welcher verborgen das Chaos lauert. So ist das Glück immer und überall: entzückter Augenblick, im Aufstrahlen schon wieder erbleichend, hingeweht vom Hauch des Sterbenmüssens.

Aus »Nach der Weihnacht«, 1927

NF 673/1/3.08

Hermann Hesse
im Suhrkamp und im Insel Verlag
Eine Auswahl

Gebundene Sonderausgaben

Demian. Die Geschichte von Emil Sinclairs Jugend. Mit einem Nachwort von Volker Michels. 246 Seiten. Gebunden

Das Glasperlenspiel. Versuch einer Lebensbeschreibung des Magister Ludi Josef Knecht samt Knechts hinterlassenen Schriften. 608 Seiten. Gebunden

Narziß und Goldmund. Erzählung. Mit einem Nachwort von Volker Michels. 384 Seiten. Gebunden

Siddhartha. Eine indische Dichtung. Mit einem Nachwort von Volker Michels. 160 Seiten. Gebunden

Der Steppenwolf. Mit Texten und Entwürfen zur Entstehung des Romans. Mit einem Nachwort von Volker Michels. 352 Seiten. Gebunden

Unterm Rad. Erzählung. 214 Seiten. Gebunden

Sonderausgaben mit CD

Mit der Reife wird man immer jünger. Betrachtungen und Gedichte über das Alter. Herausgegeben von Volker Michels. Mit Fotografien von Martin Hesse. Gebundene Sonderausgabe mit CD. st 3551. 192 Seiten

Über das Glück. Betrachtungen und Gedichte. Gebundene Sonderausgabe mit CD. st 3731. 248 Seiten

NF 550/1/2.08

Hermann Hesse Lesebücher
Zusammengestellt von Volker Michels

Eigensinn macht Spaß. Individuation und Anpassung.
204 Seiten. Gebunden. it 2856. 192 Seiten

Die Einheit hinter den Gegensätzen. Religionen und Mythen.
207 Seiten. Gebunden. it 2898. 192 Seiten

Jedem Anfang wohnt ein Zauber inne. Lebensstufen.
207 Seiten. Gebunden. it 2854. 208 Seiten

Das Leben bestehen. Krisis und Wandlung.
208 Seiten. Gebunden. it 2858. 196 Seiten

Das Lied des Lebens. Die schönsten Gedichte.
240 Seiten. Gebunden. it 2859. 256 Seiten

Mit dem Erstaunen fängt es an. Herkunft und Heimat.
Natur und Kunst. 206 Seiten. Gebunden. it 2899. 195 Seiten

Mit der Reife wird man immer jünger. Betrachtungen und Gedichte über das Alter. it 2857. 148 Seiten

Wer lieben kann, ist glücklich. Über die Liebe.
223 Seiten. Gebunden. it 2855. 224 Seiten

NF 550/2/2.08

Hermann Hesse
Die großen Romane und Erzählungen
im suhrkamp taschenbuch

Demian. Die Geschichte von Emil Sinclairs Jugend.
st 3852. 154 Seiten

Narziß und Goldmund. Erzählung. st 3854. 304 Seiten.

Peter Camenzind. Mit einem Nachwort von Siegfried Unseld.
st 3850. 162 Seiten

Siddhartha. Eine indische Dichtung. st 3853. 120 Seiten

Der Steppenwolf. st 3855. 229 Seiten

Unterm Rad. Roman. st 3851. 168 Seiten

Hermann Hesse in der Suhrkamp BasisBibliothek
Mit einem Kommentar von Heribert Kuhn

Demian. Die Geschichte von Emil Sinclairs Jugend.
SBB 16. 240 Seiten

Narziß und Goldmund. Erzählung. SBB 40. 408 Seiten

Peter Camenzind. SBB 83. 215 Seiten

Siddhartha. Eine indische Dichtung. SBB 2. 192 Seiten

Der Steppenwolf. SBB 12. 312 Seiten

Unterm Rad. Erzählung. SBB 34. 288 Seiten

NF 550/3/2.08

Hermann Hesse
Sämtliche Erzählungen
im suhrkamp taschenbuch

Erlebnis in der Knabenzeit. Sämtliche Erzählungen. 1899–1902. st 3801. 327 Seiten

Heumond. Sämtliche Erzählungen 1903–1905. st 3802. 288 Seiten

Das erste Abenteuer. Sämtliche Erzählungen 1905–1907. st 3803. 349 Seiten

Die Heimkehr. Sämtliche Erzählungen 1908–1910. st 3804. 353 Seiten

Der Weltverbesserer. Sämtliche Erzählungen 1910–1918. st 3805. 359 Seiten

Traumfährte. Sämtliche Erzählungen 1919–1955. st 3806. 364 Seiten

Hermann Hesse als Maler

Farbe ist Leben. Eine Auswahl seiner schönsten Aquarelle. Vorgestellt von Volker Michels. it 1810. 173 Seiten

Magie der Farben. Aquarelle aus dem Tessin. Mit Betrachtungen und Gedichten. Auswahl und Nachwort von Volker Michels. it 482. 128 Seiten

Spiel mit Farben. Der Dichter als Maler. Mit 230 Aquarellen von Hermann Hesse. Herausgegeben von Volker Michels. 276 Seiten. Gebunden

NF 550/4/2.08